TOP CUISINE

# REPAS EN SOLO

FIOREDITIONS

# Sommaire

# Apprendre à cuisiner en solo

Lorsqu'il s'agit de manger seul, nombreux sont ceux qui sont tentés par la facilité et se contentent d'un plat à emporter ou de grignoter sur un coin de table. Pourtant, que l'on vive seul ou que nos habitudes alimentaires diffèrent de celles de la famille, il est extrêmement simple de se préparer en un rien de temps de délicieux petits plats à déguster en solo.

## LES QUANTITÉS SONT ALÉATOIRES

Les recettes de cet ouvrage ont été crées pour une personne – les quantités sont donc établies en conséquence. En principe, vous y trouverez votre compte mais si, toutefois, vous pratiquez une activité physique importante, certaines recettes risquent de vous laisser sur votre faim. À l'inverse, si votre mode de vie est plutôt sédentaire, certains plats vous sembleront démesurément consistants et vous ne parviendrez pas à en venir à bout.

## FAIRE SES COURSES

Lorsqu'il s'agit de faire ses courses pour manger en solo, l'une des principales difficultés est de savoir quelles quantités acheter. Même si vous comptez cuisiner pour une, voire deux personnes, il est parfois difficile de ne pas se laisser aller à faire des provisions pour un régiment entier.

Il peut également être difficile d'évaluer les proportions lorsque vous cuisinez, surtout si vous tentez de vous préparer une recette prévue, à l'origine, pour quatre personnes. Il est probable que vous vous trouviez confronté à des problèmes de temps de cuisson et que vous ayez des restes d'ingrédients périssables dont vous ne savez quoi faire.

## CUISINER POUR CONGELER

De nos jours, rares sont les chanceux qui ont le temps de préparer de bons petits plats chaque soir de la semaine. Si le temps vous fait défaut, reportez-vous aux recettes à congeler que vous trouverez dès la page 58. Ces recettes ont été conçues pour pouvoir être divisées en portions congelables. Vous pouvez les conserver 3 mois au congélateur et simplement les réchauffer lorsque l'occasion se présente.

## PLUS DE GÂCHIS !

La plupart des ingrédients périssables, c'est indéniable, ne peuvent être achetés en petites quantités. Ne vous laissez pas décourager par cet inconvénient car il est tout à fait possible de congeler la plupart de ces ingrédients. Il suffit de prendre l'habitude d'étiqueter et de dater ce que vous congelez car, après un mois ou deux, rien ne ressemble plus à un aliment congelé qu'un autre aliment congelé. Surtout, dites vous bien que si vous oubliez les restes au congélateur, vous ne faites qu'attendre un peu plus avant de les jeter !

Les recettes proposées ici ne doivent en principe pas vous laisser des restes inutilisables au réfrigérateur. Voici toutefois quelques conseils pour conserver les ingrédients les plus courants :

CONCENTRÉ DE TOMATES — Congelez dans des bacs à glaçons puis transférez les glaçons obtenus dans un sac congélation. Utilisez 1 ou 2 cubes par recette sans décongeler.

HERBES — Hachez les fines herbes, répartissez l'équivalent d'une cuillerée à soupe dans des petits sacs congélation et mettez au congélateur. Ajoutez à vos currys et à vos sautés selon votre goût. Veillez à bien étiqueter les sacs car les fines herbes congelées se ressemblent toutes.

BOUILLON — Nous savons tous que le bouillon fait maison est meilleur qu'un simple bouillon-cube, mais soyons réalistes, rares sont ceux qui ont l'envie et le temps de le préparer. La solution intermédiaire est de l'acheter chez le boucher ou dans les épiceries fines. Pour conserver les restes, mettez un sac congélation dans un verre doseur, versez 250 ml dans le sac et fermez. Mettez au congélateur et retirez le verre doseur dès que le bouillon est congelé.

ZESTE D'AGRUME — Râpez le zeste de citrons, de citrons verts et d'oranges, répartissez l'équivalent d'une cuillerée à café dans des petits sacs congélation et mettez au congélateur.

## INGRÉDIENTS À AVOIR DANS SES PLACARDS

1 œufs
2 tomates en boîte
3 sucre en poudre
4 fettucines
5 vinaigre de vin rouge
6 maïs en boîte
7 riz long grain
8 crème de coco
9 moutarde à l'ancienne
10 paprika
11 sauce de soja
12 semoule
13 bouillon de poulet
14 vermicelle de riz
15 sucre roux
16 bouillon-cubes
17 huile d'olive
18 sauce au piment douce
19 nouilles aux œufs
20 farine

ÉPICES — une fois ouverts, les paquets d'épices se conservent plus longtemps s'ils sont mis au congélateur.

GINGEMBRE — Les morceaux de gingembre frais se conservent très bien lorsqu'ils sont enveloppés de film alimentaire. Si vous râpez du gingembre congelé, vous verrez que la peau se détache toute seule. Vous pouvez également laisser décongeler et utiliser tel quel dans une recette. Une autre méthode consiste à couper le gingembre en rondelles et à conserver les rondelles dans un bocal rempli de xérès au réfrigérateur. Ce gingembre est délicieux dans les sautés, surtout si vous ajoutez le xérès.

CHAPELURE — Lorsque vous préparez de la chapelure fraîche en mixant des tranches de pain de la veille, préparez-en plus qu'il ne vous en faut. Congelez les restes en petites quantités dans des sacs congélation.

FRUITS — Les fruits rares tels que la mangue peuvent être congelés : vous pourrez ainsi utiliser des fruits qui ne sont pas de saison dans vos recettes.

CHAMPIGNONS — Non, vous ne pouvez pas les congeler. Toutefois, il se conservent mieux si vous les mettez dans un sac en papier puis dans un sac plastique.

FROMAGE — Le parmesan peut être conservé râpé au congélateur pour éviter qu'il n'embaume votre réfrigérateur. Mettez-le dans un sac congélation et veillez à bien retirer l'air de façon à éviter la formation de cristaux de givre.

## RÉDUIRE LA CONSOMMATION EN GRAISSE

Si vous surveillez votre consommation en matière grasse, il existe certaines astuces à appliquer lorsque vous cuisinez. Par exemple, utilisez de l'huile en spray pour réduire au maximum la quantité d'huile et servez-vous d'une poêle antiadhésive. Utilisez la version allégée des ingrédients qui le permettent.

Pensez également à toujours bien dégraisser la viande avant de la faire cuire. Le poulet sera moins riche en matières grasses si vous retirez la peau. Les blancs de poulet sont très pauvres en calories et peuvent être substitués à d'autre découpes.

# Galettes de crabe

PRÉPARATION : 15 minutes
CUISSON : 6 minutes
POUR 1 personne

170 g de chair de crabe en boîte, égouttée, liquide réservé
1 œuf, légèrement battu
35 g de céleri finement haché
1 oignon vert, finement haché
1 cuil. à soupe de feuilles de coriandre fraîche hachées
25 g de chapelure sèche
1 à 2 gouttes de Tabasco, à volonté
1 cuil. à soupe d'huile d'olive

**Mayonnaise au sésame**
2 cuil. à soupe de mayonnaise
2 cuil. à café de graines de sésame, grillées
1 cuil. à café de sauce au piment douce
½ cuil. à café de gingembre frais râpé
¼ de cuil. à café de sauce de soja

**1** Presser la chair de crabe de façon à exprimer l'excédent d'eau, transférer dans une terrine et ajouter 2 cuillerées à café du liquide réservé, l'œuf, le céleri, l'oignon vert, la coriandre, la chapelure et le Tabasco. Mélanger, saler et poivrer à volonté et laisser reposer 5 minutes. Répartir la préparation en 3 portions, façonner en galettes et aplatir légèrement.

**2** Dans une poêle antiadhésive, chauffer l'huile, ajouter les galettes de crabe et cuire 2 à 3 minutes à feu moyen de chaque côté, jusqu'à ce qu'elles soient dorées et bien cuites. Égoutter sur du papier absorbant.

**3** Pour la mayonnaise au sésame, mettre les ingrédients dans un bol, mélanger et servir avec les galettes de crabe et de la salade.

*Mélanger les ingrédients des galettes dans une terrine.*

*Façonner des galettes et aplatir légèrement.*

*Cuire les galettes 2 à 3 minutes de chaque côté.*

# Soupe aux champignons

PRÉPARATION : 10 minutes
CUISSON : 10 minutes
POUR 1 personne

25 g de beurre
2 oignons verts, finement hachés
1 petite gousse d'ail, hachée
3 cuil. à café de farine
375 ml de bouillon de poulet
100 g de champignons de couche, finement hachés
2 cuil. à café de persil plat frais haché

**1** Dans une casserole, chauffer le beurre à feu moyen, ajouter les oignons verts et l'ail, et cuire 2 à 3 minutes, jusqu'à ce que les oignons soient tendres. Incorporer la farine et faire revenir 1 minute, jusqu'à ce que la farine soit dorée.

**2** Retirer la casserole du feu, mouiller progressivement avec le bouillon et remettre sur le feu. Incorporer les champignons et le persil, porter à ébullition sans cesser de remuer jusqu'à épaississement et réduire le feu. Couvrir et laisser mijoter 5 minutes. Saler et poivrer à volonté et servir accompagné de pain frais.

*Incorporer la farine et faire revenir 1 minute.*

*Mouiller avec le bouillon et ajouter les champignons et le persil.*

# Œufs à l'italienne

PRÉPARATION : 10 minutes
CUISSON : 20 minutes
POUR 1 personne

**Toasts au prosciutto**
1 demi-baguette
3 cuil. à soupe d'huile d'olive
2 fines tranches de prosciutto

2 œufs, à température ambiante
1 tomate, coupée en deux, épépinée et finement concassée
1 cuil. à café de ciboulette fraîche hachée
2 cuil. à café de basilic frais ciselé
3 olives noires dénoyautées, finement hachées
1 cuil. à café d'huile d'olive vierge extra
2 cuil. à soupe de parmesan râpé

**1** Préchauffer le four à 200 °C (th. 6-7) et graisser un ramequin allant au four d'une contenance de 185 ml.

**2** Pour les toasts, retirer la croûte de la demi-baguette et couper en deux dans l'épaisseur. Enduire les tranches d'huile d'olive, garnir de prosciutto et réserver.

**3** Casser les œufs dans le ramequin. Mélanger la tomate, la ciboulette, le basilic, les olives et l'huile d'olive, saler et poivrer à volonté et répartir le mélange obtenu sur les œufs. Saupoudrer de parmesan, disposer le ramequin sur une grille et cuire au four préchauffé 5 minutes. Ajouter les toasts sur la grille et cuire encore 10 à 15 minutes, jusqu'à ce que les œufs aient pris et que les toasts soient croustillants. Couper les toasts en deux et servir immédiatement.

*Retirer la croûte et couper en deux dans l'épaisseur.*

*Répartir le mélange à base de tomate sur les œufs.*

*Cuire les œufs et les toasts jusqu'à ce que les œufs aient pris.*

# Soupe de maïs au poulet thaïe

PRÉPARATION : 10 minutes
CUISSON : 5 minutes
POUR 1 personne

130 g de grains de maïs en boîte, non égouttés
2 petits bouillon-cubes de poulet, émiettés
2 oignons verts, émincés
1 cuil. à café de gingembre frais finement haché
125 g de blanc de poulet, coupé en lanières
1 cuil. à café de sauce au piment douce
1 cuil. à café de sauce de poisson
30 g de vermicelle de riz
2 cuil. à soupe de feuilles de coriandre fraîche hachées
½ cuil. à café de zeste de citron vert râpé
2 cuil. à café de jus de citron vert

**1** Dans une casserole, porter 500 ml d'eau à ébullition à feu vif, ajouter le maïs, les bouillon-cubes, les oignons verts et le gingembre, et laisser mijoter 1 minute.

**2** Ajouter le poulet, la sauce au piment et la sauce de poisson, et laisser mijoter encore 3 minutes, jusqu'à ce que le poulet soit cuit.

**3** Mettre le vermicelle dans une terrine résistant à la chaleur, couvrir d'eau bouillante et laisser reposer 4 minutes, jusqu'à ce que le vermicelle soit tendre. Égoutter et couper en tronçons.

**4** Ajouter le vermicelle, la coriandre, le jus de citron vert et le zeste à la soupe et servir immédiatement.

*Ajouter le maïs, les bouillon-cubes, les oignons verts et le gingembre.*

*Couvrir le vermicelle d'eau bouillante et laisser reposer.*

# Salade de crevettes à la mangue

PRÉPARATION : 20 minutes
CUISSON : aucune
POUR 1 personne

2 grosses laitues iceberg, lavées et essorées
8 grosses crevettes cuites, pelées et déveinées
½ mangue, coupée en cubes de 2 cm
½ avocat, coupé en cubes de 2 cm
1 oignon vert, émincé en biais
1 cuil. à café de menthe fraîche ciselée
1 cuil. à soupe de jus de citron vert

**1** Ciseler une laitue, transférer dans une terrine et ajouter les crevettes, la mangue, l'avocat, l'oignon vert, la menthe et le jus de citron vert, et mélanger le tout.

**2** Répartir la salade dans les feuilles de laitue restantes et servir immédiatement.

*Inciser le dos des crevettes et déveiner.*

*Mélanger les crevettes et les ingrédients restants.*

*Répartir le mélange dans les feuilles de laitue restantes.*

# Croque-monsieur à l'anglaise

PRÉPARATION : 10 minutes
CUISSON : 10 minutes
POUR 1 personne

1 cuil. à café d'huile
2 œufs
4 tranches de pain blanc
1 cuil. à soupe de moutarde de Dijon
100 g d'allumettes de jambon fumé
50 g de gruyère, coupé en lamelles
15 g de beurre, en pommade

**1** Dans une poêle antiadhésive, chauffer l'huile, ajouter les œufs et cuire selon son goût. Napper les tranches de pain de moutarde.

**2** Garnir 2 tranches de pain de jambon, d'œufs et de fromage, disposer les tranches de pain restantes dessus et beurrer l'extérieur de chaque tranche.

**3** Chauffer une poêle antiadhésive, ajouter délicatement les croque-monsieur et maintenir éventuellement pressé à l'aide d'une assiette. Cuire 2 à 3 minutes de chaque côté à feu moyen, jusqu'à ce qu'ils soient croustillants et dorés, et que le fromage ait fondu. Servir immédiatement.

*Cuire les œufs à la poêle selon son goût.*

*Garnir de jambon, d'œufs et de fromage.*

*Cuire les croque-monsieur jusqu'à ce qu'ils soient dorés.*

# Crevettes à l'ail et au citron vert

PRÉPARATION : 10 minutes
CUISSON : 3 minutes
POUR 1 personne

2 cuil. à soupe de jus de citron vert
1 cuil. à soupe de sauce de soja
2 cuil. à café de miel
1 cuil. à café d'huile d'arachide
1 gousse d'ail, hachée
2 feuilles de lime kafir, ciselées
4 mini-épis de maïs, coupés en deux dans la longueur
50 g de pois mange-tout
8 crevettes crues, pelées et déveinées, en conservant la queue
3 cuil. à soupe de feuilles de coriandre fraîche hachées

**1** Dans un bol, mettre le jus de citron vert, la sauce de soja et le miel, et battre jusqu'à ce que le miel soit dissous.

**2** Chauffer un wok à feu vif, ajouter l'huile et incliner le wok de sorte que l'huile se répartisse uniformément. Ajouter l'ail, les feuilles de lime kafir et les mini-épis de maïs, et faire revenir 1 à 2 minutes.

**3** Ajouter les pois mange-tout, les crevettes et la préparation à base de jus de citron, et faire revenir 1 minute à feu vif, jusqu'à ce que les crevettes soient cuites. Incorporer les feuilles de coriandre hachées et servir immédiatement, accompagné de riz cuit à la vapeur.

*Battre le jus de citron vert, la sauce de soja et le miel.*

*Ajouter les pois mange-tout et les crevettes, et faire revenir.*

# Bœuf à la sauce de soja noire et aux nouilles

PRÉPARATION : 15 minutes
CUISSON : 10 minutes
POUR 1 personne

70 g de nouilles chinoises
125 g de bœuf, coupé en lamelles
1 cuil. à café d'huile de sésame
1 gousse d'ail, hachée
1 cuil. à café de gingembre frais râpé
2 cuil. à soupe d'huile
1 oignon vert, émincé en biais
¼ de poivron rouge, coupé en lanières
4 pois mange-tout, coupés en deux en biais
1 cuil. à soupe de sauce de soja noire à l'ail
1 cuil. à soupe de sauce hoisin
25 g de pousses de soja

**1** Cuire les nouilles selon les instructions figurant sur le paquet, égoutter et réserver au chaud.

**2** Dans une terrine, mettre le bœuf, l'huile de sésame, l'ail et le gingembre, et mélanger le tout. Dans un wok, chauffer à feu vif 1 cuillerée à café d'huile, ajouter le mélange à base de bœuf et faire revenir 2 à 3 minutes, jusqu'à ce que le bœuf soit cuit. Retirer du wok.

**3** Chauffer l'huile restante dans le wok, ajouter l'oignon vert, le poivron et les pois mange-tout, et faire revenir 2 minutes. Remettre la préparation à base de bœuf dans le wok, incorporer la sauce de soja noire à l'ail, la sauce hoisin et 1 cuillerée à soupe d'eau.

**4** Ajouter les nouilles dans le wok, mélanger jusqu'à ce que le tout soit bien chaud et servir immédiatement, parsemé de pousses de soja.

*Faire revenir le mélange à base de bœuf dans le wok.*

*Faire revenir l'oignon vert, le poivron et les pois mange-tout.*

*Ajouter les nouilles et mélanger jusqu'à ce que le tout soit chaud.*

# Calmars à l'huile d'olive et à l'origan

PRÉPARATION : 10 minutes
CUISSON : 5 minutes
POUR 1 personne

2 cuil. à soupe d'huile d'olive
½ cuil. à café de zeste de citron râpé
1 cuil. à soupe de jus de citron
1 oignon vert, finement haché
1 cuil. à café d'origan frais haché
250 g de calmars
1 cuil. à café de gros sel
1 cuil. à café de poivre noir
1 cuil. à café d'huile d'olive supplémentaire
20 g de mesclun

**1** Pour la sauce, mélanger l'huile d'olive, le zeste de citron, le jus de citron, l'oignon vert et l'origan.

**2** Sécher les calmars avec du papier absorbant, les couper en deux et les détailler en lanières dans la longueur.

**3** Dans une terrine, mettre le sel et le poivre, mélanger et incorporer le calmar de sorte qu'il soit bien enrobé.

**4** Chauffer un wok à feu vif, ajouter l'huile d'olive supplémentaire et incliner le wok de sorte que l'huile se répartisse uniformément. Ajouter la moitié des lanières de calmar et faire revenir 1 à 2 minutes, jusqu'à ce qu'elles soient tendres. Répéter l'opération avec le calmar restant et servir sur un lit de mesclun, nappé de sauce.

*Couper les calmars en deux et détailler en lanières.*

*Incorporer les calmars au sel et au poivre.*

*Faire revenir les calmars jusqu'à ce qu'ils soient tendres.*

# Poulet et nouilles Hokkien au soja

PRÉPARATION : 10 minutes
+ 10 minutes de repos
CUISSON : 10 minutes
POUR 1 personne

150 g de nouilles Hokkien
2 cuil. à café d'huile
150 g de blancs de poulet, parés et coupés en lanières
1 petite gousse d'ail, hachée
1 morceau de gingembre frais de 2 cm, coupé en julienne
1 oignon vert, émincé en biais
½ carotte, finement émincée en biais
100 g de brocoli, coupé en petites fleurettes
1 cuil. à soupe de mirin
2 cuil. à soupe de sauce de soja
½ cuil. à café de sucre roux
1 cuil. à soupe de graines de sésame grillées

**1** Dans une terrine, mettre les nouilles, couvrir d'eau bouillante et laisser reposer 10 minutes, jusqu'à ce qu'elles soient tendres.

**2** Chauffer un wok à feu vif, ajouter l'huile et incliner le wok de sorte qu'elle se répartisse uniformément. Ajouter le poulet et faire revenir 5 minutes. Incorporer l'ail et le gingembre, et cuire encore 1 minute, jusqu'à ce que les saveurs se développent. Ajouter l'oignon vert, la carotte et le brocoli, et cuire 4 à 5 minutes, jusqu'à ce que les légumes soient tendres.

**3** Mélanger le mirin, la sauce de soja et le sucre, et ajouter dans le wok. Égoutter les nouilles, ajouter dans le wok et chauffer le tout. Servir parsemé de graines de sésame.

*Ajouter l'ail et le gingembre, et faire revenir 1 minute.*

*Ajouter les légumes et cuire jusqu'à ce qu'ils soient tendres.*

*Égoutter les nouilles, ajouter dans le wok et chauffer le tout.*

# Tofu au choy sum et aux mini-épis de maïs

PRÉPARATION : 5 minutes
CUISSON : 6 minutes
POUR 1 personne

- 2 cuil. à café d'huile d'arachide
- 100 g de cubes de tofu frit, coupés en deux
- 2 cuil. à soupe de sauce d'huître
- 1 cuil. à soupe de sauce de soja claire
- 1 cuil. à soupe de sauce au piment douce
- 1 cuil. à soupe de miel
- 1 gousse d'ail, hachée
- 4 mini-épis de maïs, coupés en deux dans la hauteur
- 4 feuilles de choy sum, coupées en morceaux de 10 cm

**1** Chauffer un wok à feu vif, ajouter l'huile et incliner le wok de sorte qu'elle se répartisse uniformément. Ajouter le tofu et faire revenir 2 minutes, jusqu'à ce qu'il soit croustillant et doré.

**2** Dans une terrine, mettre la sauce d'huître, la sauce de soja, la sauce au piment et le miel, et battre le tout.

**3** Ajouter l'ail, les épis de maïs et le choy sum dans le wok, incorporer le mélange précédent et mouiller avec 60 ml d'eau. Faire revenir 3 à 4 minutes, jusqu'à ce que les feuilles de choy sum soient flétries. Servir immédiatement accompagné de riz cuit à la vapeur.

*Faire revenir le tofu 2 minutes, jusqu'à ce qu'il soit doré.*

*Battre les ingrédients de la sauce dans une terrine.*

*Ajouter l'ail, le maïs et le choy sum dans le wok et faire revenir.*

# Brochettes d'agneau au citron

PRÉPARATION : 10 minutes
+ 30 minutes de macération
CUISSON : 12 minutes
POUR 1 personne

2 cuil. à soupe de jus de citron
1 cuil. à soupe d'huile d'olive vierge extra
1 petite gousse d'ail, hachée
1 cuil. à café de romarin frais haché
100 g de filet d'agneau, coupés en cubes
2 oignons verts, coupés en morceaux de 2 cm
6 olives vertes farcies
¼ de citron, coupé en petits quartiers

**1** Dans une terrine, mettre le jus de citron, l'huile d'olive, l'ail et le romarin, et battre le tout. Ajouter les cubes d'agneau, mélanger de façon à bien les enrober et poivrer à volonté. Couvrir et laisser mariner 30 minutes en remuant de temps en temps.

**2** Piquer les cubes d'agneau, les oignons verts, les olives et les quartiers de citron sur des brochettes et disposer sur une grille.

**3** Passer au gril 5 à 6 minutes en arrosant régulièrement de marinade, jusqu'à ce que la viande soit cuite. Servir sur un lit de riz cuit à la vapeur et nappé de yaourt nature.

*Ajouter les cubes d'agneau et laisser mariner 30 minutes.*

*Piquer l'agneau, les oignons verts et les olives sur des brochettes.*

*Arroser régulièrement de marinade au cours de la cuisson.*

# Pâtes au saumon fumé

PRÉPARATION : 10 minutes
CUISSON : 15 minutes
POUR 1 personne

125 g de fusillis
1 cuil. à café d'huile d'olive
1 oignon vert, finement haché
50 g de champignons de Paris, émincés
60 ml de vin blanc sec
100 ml de crème fraîche
2 cuil. à café d'aneth frais haché
1 cuil. à café de jus de citron
25 g de parmesan, râpé
50 g de saumon fumé, coupé en lanières
copeaux de parmesan, en garniture
quartiers de citron, en accompagnement

**1** Porter une casserole d'eau salée à ébullition, ajouter les pâtes et cuire jusqu'à ce qu'elles soient *al dente*. Égoutter, remettre dans la casserole et réserver au chaud.

**2** Dans une petite casserole, chauffer l'huile, ajouter l'oignon vert et les champignons, et cuire 1 à 2 minutes à feu moyen, jusqu'à ce qu'ils soient tendres. Mouiller avec le vin blanc, incorporer la crème fraîche et porter à ébullition. Réduire le feu et laisser mijoter encore 1 minute.

**3** Napper les pâtes de sauce aux champignons, incorporer l'aneth et le jus de citron, et ajouter le parmesan. Chauffer le tout sans cesser de remuer, retirer du feu et incorporer le saumon fumé. Poivrer selon son goût, garnir de copeaux de parmesan et servir accompagné de quartiers de citron.

*Cuire les champignons et l'oignon vert jusqu'à ce qu'ils soient tendres.*

*Mouiller avec le vin et la crème fraîche, et porter à ébullition.*

*Chauffer le tout sans cesser de remuer.*

# Coquelet du dimanche

PRÉPARATION : 10 minutes
CUISSON : 45 minutes
POUR 1 personne

1 coquelet
½ petit oignon, pelé
200 g de pommes de terre, coupées en dés
1 courgette, coupée en deux dans la longueur
1 cuil. à soupe d'huile d'olive
½ cuil. à soupe de romarin frais haché
½ cuil. à café de farine
60 ml de vin rouge

**1** Préchauffer le four à 200 °C (th. 6-7). Rincer le coquelet et sécher avec du papier absorbant. Insérer l'oignon dans la cavité et lier les pattes.

**2** Saler et poivrer la peau, mettre dans un plat allant au four et ajouter les légumes. Arroser d'huile d'olive et parsemer de romarin.

**3** Cuire au four préchauffé 30 à 40 minutes, jusqu'à ce que le coquelet soit tendre et doré. Retirer le tout du plat, couvrir de papier d'aluminium et réserver au chaud.

**4** Dégraisser la sauce restée dans le plat et chauffer à feu moyen. Incorporer la farine, mouiller avec le vin et battre jusqu'à ce que la sauce ait réduit et épaissi.

**5** Retirer les ficelles du coquelet, transférer le tout sur un plat de service et napper de sauce.

*Lier les pattes du coquelet avec du fil de cuisine.*

*Arroser d'huile d'olive et parsemer de romarin.*

*Cuire 30 à 40 minutes, jusqu'à ce que le tout soit tendre et doré.*

# Risotto de légumes

PRÉPARATION : 15 minutes
CUISSON : 30 minutes
POUR 1 personne

1 cuil. à soupe d'huile d'olive
½ petit oignon, finement haché
1 gousse d'ail, finement hachée
110 g de riz arborio
500 à 625 ml de bouillon de poulet ou de légumes
½ petite courgette, coupée en dés
½ petit poivron rouge, coupé en dés
35 g de feuilles d'épinards ciselés
1 cuil. à soupe de persil plat frais haché
2 cuil. à café de parmesan frais râpé
copeaux de parmesan, en garniture

**1** Dans une casserole, chauffer l'huile, ajouter l'oignon et l'ail, et faire revenir 1 à 2 minutes à feu doux, jusqu'à ce qu'ils soient tendres. Ajouter le riz et faire revenir 1 minute, jusqu'à ce qu'il soit bien enrobé d'huile.

**2** Dans une autre casserole, verser le bouillon, chauffer et réserver au point de frémissement. Incorporer 125 ml de bouillon au riz et chauffer sans cesser de remuer jusqu'à ce que le bouillon ait été absorbé. Répéter l'opération en ajoutant 125 ml de bouillon à chaque fois – l'opération doit prendre 20 à 25 minutes – jusqu'à ce que le riz soit tendre et crémeux. Après avoir incorporé 375 ml de bouillon, ajouter la courgette, le poivron et les épinards.

**3** Retirer du feu, ajouter le persil et le parmesan, et mélanger jusqu'à ce que le parmesan ait fondu. Saler et poivrer à volonté et servir garni de copeaux de parmesan et accompagné de pain frais.

*Ajouter le riz dans la casserole et bien mélanger.*

*Verser 125 ml de bouillon et cuire jusqu'à ce qu'il soit absorbé.*

*Ajouter les légumes après avoir incorporé 375 ml de bouillon.*

# Steak et sa sauce à la moutarde

PRÉPARATION : 5 minutes
CUISSON : 12 minutes
POUR 1 personne

30 g de beurre
1 gousse d'ail, hachée
25 g de feuilles d'épinards, ciselées
125 g de steak
60 ml de vin blanc
2 cuil. à café de moutarde à l'ancienne
60 ml de crème fraîche

**1** Dans une poêle, chauffer la moitié du beurre, ajouter l'ail et les épinards, et cuire 2 minutes à feu moyen, jusqu'à ce que les épinards soient flétris. Retirer de la poêle et réserver au chaud. Chauffer le beurre restant dans la poêle, ajouter la viande et cuire 3 à 4 minutes de chaque côté à feu moyen. Retirer de la poêle, couvrir de papier d'aluminium et réserver au chaud.

**2** Verser le vin dans la poêle, ajouter la moutarde et la crème fraîche, racler le fond de la poêle de façon à détacher les sucs et porter à ébullition. Réduire le feu, laisser mijoter 1 minute et saler et poivrer à volonté.

**3** Couper la viande perpendiculairement au sens de la fibre en lamelles de 5 mm d'épaisseur. Répartir les épinards sur une assiette, garnir de lamelles de viande et napper de sauce. Servir immédiatement, accompagné de purée de pommes de terre.

*Faire revenir les épinards et l'ail 2 minutes.*

*Ajouter le vin, la moutarde et la crème fraîche dans la poêle.*

*Couper la viande en lamelles de 5 mm d'épaisseur.*

# Rouget aux fines herbes

PRÉPARATION : 15 minutes
CUISSON : 40 minutes
POUR 1 personne

½ citron, coupé en lamelles
½ cuil. à café de zeste de citron râpé
3 brins de menthe fraîche, tiges réservées
3 brins de basilic frais, tiges réservées
1 gousse d'ail, finement émincée
1 rouget de 400 g, écaillé et évidé
1 cuil. à soupe de vin blanc
1 cuil. à soupe d'huile d'olive

**1** Préchauffer le four 200 °C (th. 6-7). Sur une plaque de four, disposer 2 feuilles de papier d'aluminium assez grandes pour contenir le poisson et ajouter 2 feuilles de papier sulfurisé de même dimension. Répartir les lamelles de citron au centre des feuilles.

**2** Dans un bol, mettre la moitié du zeste de citron, ajouter les feuilles de menthe et de basilic, et incorporer l'ail. Farcir le poisson avec le mélange obtenu, répartir les tiges de fines herbes sur les lamelles de citron et couvrir avec le poisson.

**3** Parsemer le poisson de zeste de citron et saler et poivrer à volonté. Mélanger le vin et l'huile, arroser le poisson et replier les feuilles de papier d'aluminium et de papier sulfurisé en papillote.

**4** Cuire au four préchauffé 30 à 40 minutes, jusqu'à ce que le poisson soit cuit et que la chair se délite facilement. Servir accompagné de quartiers de pommes de terre cuits à la vapeur et de salade.

*Farcir de zeste de citron, de menthe, de basilic et d'ail.*

*Cuire au four 30 à 40 minutes, jusqu'à ce que la chair se délite.*

# Satay d'agneau

PRÉPARATION : 10 minutes
CUISSON : 20 minutes
POUR 1 personne

200 g de filet d'agneau
2 cuil. à café d'huile
½ oignon, coupé en fins quartiers
1 gousse d'ail, hachée
1 cuil. à café de pâte de curry rouge
60 g de beurre de cacahuètes avec des éclats
60 ml de lait de coco
1 cuil. à café de kecap manis
2 cuil. à café de sauce tomate
coriandre fraîche, en garniture

**1** Parer l'agneau, dégraisser et couper en cubes de 2 cm.

**2** Dans une casserole, chauffer l'huile, ajouter l'oignon et l'ail, et cuire 4 minutes à feu doux sans cesser de remuer, jusqu'à ce que l'oignon soit tendre. Ajouter la pâte de curry, faire revenir encore 1 minute et retirer du feu.

**3** Ajouter le beurre de cacahuètes, remettre sur le feu et mouiller avec le lait de coco et 60 ml d'eau. Porter à ébullition sans cesser de remuer, ajouter le kecap manis et la sauce tomate, et réduire le feu. Laisser mijoter 1 minute, jusqu'à ce que la sauce ait épaissi.

**4** Piquer la viande sur 3 brochettes, disposer sur une grille huilée et enduire de sauce. Passer au gril 5 minutes de chaque côté en arrosant régulièrement de sauce, jusqu'à ce que la viande soit tendre.

**5** Mettre la sauce restante dans une casserole, chauffer 3 à 5 minutes à feu moyen. Servir les brochettes garnies de coriandre, sur un lit de riz cuit à la vapeur et nappé de sauce chaude.

*Parer la viande, dégraisser et couper en cubes de 2 cm.*

*Laisser mijoter 1 minute, jusqu'à ce que la sauce ait épaissi.*

*Passer les brochettes au gril, en arrosant de sauce.*

# Poulet épicé aux poires

PRÉPARATION : 10 minutes
CUISSON : 20 minutes
POUR 1 personne

1 blanc de poulet
1 cuil. à soupe de farine assaisonnée
2 cuil. à café d'huile d'olive
10 g de beurre
1 petit oignon, finement émincé
½ cuil. à café de gingembre en poudre
½ cuil. à café de cannelle en poudre
125 ml de jus de pomme
½ petit bouillon-cube de poulet
1 cuil. à café de miel
1 petite poire, pelée, évidée et coupée en quartiers

**1** Enrober le poulet de farine et secouer de façon à retirer l'excédent. Dans une poêle, chauffer l'huile, ajouter le poulet et cuire 2 à 3 minutes de chaque côté à feu moyen, jusqu'à ce qu'il soit légèrement doré. Retirer de la poêle et réserver au chaud. Faire fondre le beurre dans la poêle, ajouter l'oignon et les épices, et cuire 2 à 3 minutes, jusqu'à ce que l'oignon soit doré. Mouiller avec le jus de pomme, ajouter le bouillon-cube et le miel, et porter à ébullition. Réduire le feu et laisser mijoter 2 minutes.

**2** Remettre le poulet dans la poêle, ajouter la poire et couvrir. Laisser mijoter 5 minutes, retourner le poulet et la poire, et cuire encore 5 minutes, jusqu'à ce que le poulet soit cuit.

**3** Disposer le poulet et la poire sur une assiette chaude, napper de sauce et servir accompagné de semoule.

*Faire revenir le poulet 2 à 3 minutes de chaque côté.*

*Mouiller avec le jus de pomme et ajouter le cube et le miel.*

*Retourner le poulet et les quartiers de poire et cuire encore 5 minutes.*

# Lasagne aux épinards

PRÉPARATION : 20 minutes
CUISSON : 45 minutes
POUR 1 personne

2 feuilles de lasagne fraîches
2 tomates Roma, coupées en deux
1 gros champignon de couche, sans la tige
1 cuil. à soupe d'huile d'olive vierge extra
1 cuil. à café de thym frais finement haché
20 g de beurre
1 poireau, finement émincé
1 gousse d'ail, hachée
250 g d'épinards hachés surgelés, décongelés
60 g de crème aigre
80 ml de crème fraîche allégée
160 g de ricotta
1 œuf, légèrement battu
30 g de cheddar, râpé

**1** Préchauffer le four à 200 °C (th. 6-7). Graisser un plat allant au four d'une contenance de 500 ml. Couper les feuilles de lasagne en 3 morceaux de la taille du plat.

**2** Disposer les tomates et le champignon côtés coupés vers le bas dans un plat allant au four. Mélanger l'huile et le thym, arroser les tomates et cuire au four préchauffé 15 minutes. Retourner et cuire encore 10 minutes, jusqu'à ce qu'ils soient tendres. Hacher finement le tout.

**3** Dans une poêle, chauffer le beurre, ajouter l'ail et le poireau, et cuire 2 à 3 minutes à feu moyen, jusqu'à ce qu'ils soient tendres. Presser les épinards de façon à exprimer l'excédent d'eau, incorporer dans la poêle et ajouter la crème aigre et la crème fraîche. Porter à ébullition, cuire 5 minutes et ajouter les tomates et le champignon hachés.

**4** Déposer un morceau de lasagne dans le plat. Répartir la moitié de la garniture, couvrir avec un morceau de lasagne et répéter l'opération. Battre la ricotta et l'œuf battu, répartir sur les lasagne et parsemer de cheddar. Cuire au four préchauffé 20 minutes et servir immédiatement.

*Couper 3 morceaux de lasagne de la taille du plat.*

*Arroser les tomate et le champignon d'huile.*

*Incorporer les épinards, la crème aigre et la crème fraîche.*

# Porc au prosciutto et fines herbes

PRÉPARATION : 15 minutes
CUISSON : 25 minutes
POUR 1 personne

3 longs brins d'origan frais
3 tranches fines de prosciutto, pliées en deux dans la longueur
1 filet de porc de 200 g, paré
1 cuil. à soupe d'huile
60 ml de vin blanc
100 ml de bouillon de poulet
1 cuil. à soupe de sauce Worcester

**1** Préchauffer le four à 180 °C (th. 6). Envelopper délicatement le filet de porc avec les tranches de prosciutto et les brins d'origan, et maintenir à l'aide de piques à cocktail.

**2** Dans une poêle antiadhésive, chauffer l'huile, ajouter le porc et cuire à feu moyen à vif en le retournant de sorte qu'il dore uniformément. Transférer sur un plaque de four et cuire au four préchauffé 10 à 15 minutes, jusqu'à ce qu'il soit bien cuit.

**3** Verser le vin dans la poêle et porter à ébullition en raclant les parois de façon à détacher les sucs. Ajouter le bouillon de poulet et la sauce Worcester, porter de nouveau à ébullition et laisser bouillir jusqu'à ce que la sauce ait réduit de moitié.

**4** Retirer les piques à cocktail, couper en tranches et transférer sur une assiette. Napper de sauce et servir accompagné de purée de pommes de terre et de légumes cuits à la vapeur.

*Envelopper le porc de tranches de prosciutto et de brins d'origan.*

*Cuire au four préchauffé 10 à 15 minutes.*

*Ajouter le bouillon et la sauce Worcester, et porter à ébullition.*

# Pilaf au chorizo

PRÉPARATION : 15 minutes
+ 10 minutes de repos
CUISSON : 25 minutes
POUR 1 personne

2 cuil. à café de beurre
½ oignon, finement émincé
1 gousse d'ail, hachée
100 g de chorizo, coupé en rondelles en biais
100 g de riz long grain
1 petite feuille de laurier
250 ml de bouillon de poulet
40 g de petits pois surgelés
30 g de poivrons séchés au soleil à l'huile, égouttés et émincés finement
2 oignons verts, finement hachés
copeaux de parmesan, en garniture

**1** Dans une casserole, faire fondre le beurre, ajouter l'oignon et l'ail, et cuire 2 minutes à feu moyen sans cesser de remuer, jusqu'à ce que l'oignon soit tendre. Ajouter le chorizo et cuire encore 1 minute sans cesser de remuer. Ajouter le riz et le laurier, et mélanger jusqu'à ce que le riz soit bien enrobé de beurre.

**2** Mouiller avec le bouillon, porter à ébullition et laisser bouillir jusqu'à ce que des cratères apparaissent à la surface du riz. Mélanger rapidement, réduire le feu et couvrir. Cuire 15 à 20 minutes, jusqu'à ce que le riz soit tendre, ajouter les petits pois et les poivrons, et couvrir de nouveau. Laisser reposer 10 minutes, ajouter les oignons verts et aérer les grains à l'aide d'une fourchette. Servir garni de copeaux de parmesan.

*Couper le chorizo en rondelles en biais.*

*Laisser bouillir jusqu'à ce que des cratères apparaissent à la surface.*

*Ajouter les pois et les poivrons et couvrir de nouveau.*

# Bœuf Stroganoff

PRÉPARATION : 10 minutes
CUISSON : 10 minutes
POUR 1 personne

2 cuil. à café d'huile d'olive
10 g de beurre
½ petit oignon, émincé
75 g de champignons de Paris, émincés
1 gousse d'ail, hachée
150 g de steak, coupé en lamelles perpendiculairement au sens de la fibre
125 g de crème aigre
1 cuil. à soupe de concentré de tomate

**1** Dans une poêle, chauffer la moitié de l'huile et du beurre, ajouter l'oignon et cuire 2 minutes à feu moyen, jusqu'à ce qu'il soit tendre. Ajouter les champignons et l'ail, et cuire encore 3 minutes. Retirer de la poêle et réserver au chaud.

**2** Chauffer le beurre et l'huile restants dans la poêle, ajouter une partie de la viande et cuire à feu vif, jusqu'à ce que qu'elle soit tendre et dorée. Répéter l'opération avec la viande restante. Remettre les champignons et l'oignon dans la poêle, et bien mélanger le tout.

**3** Retirer du feu, incorporer la crème aigre et le concentré de tomates, et saler et poivrer à volonté. Servir immédiatement accompagné de riz cuit à la vapeur et de pain frais.

*Ajouter les champignons et l'ail, et cuire 3 minutes.*

*Cuire la viande en plusieurs fournées.*

*Incorporer la crème aigre et le concentré de tomates.*

# Penne à la patate douce et au prosciutto

PRÉPARATION : 10 minutes
CUISSON : 15 minutes
POUR 1 personne

125 g de penne
150 g de patates douces, coupées en dés de 1 cm
1 cuil. à soupe d'huile d'olive vierge extra
2 oignons verts, émincés
1 petite gousse d'ail, hachée
2 tranches fines de prosciutto, hachées
30 g de tomates séchées au soleil à l'huile, égouttées et hachées
1 à 2 cuil. à soupe de feuilles de basilic frais ciselées

**1** Porter à ébullition une casserole d'eau salée, ajouter les pâtes et cuire jusqu'à ce qu'elles soient *al dente*. Égoutter et remettre dans la casserole.

**2** Cuire les patates douces à la vapeur 5 minutes, jusqu'à ce qu'elles soient tendres. Dans une casserole, chauffer l'huile, ajouter les oignons verts, l'ail et les patates douces, et cuire 2 à 3 minutes à feu moyen, jusqu'à ce que les oignons verts soient tendres. Incorporer le prosciutto et les tomates, et cuire encore 1 minute.

**3** Ajouter la préparation obtenue aux pâtes, chauffer à feu doux sans cesser de remuer et ajouter le basilic. Saler et poivrer à volonté et servir accompagné de pain frais et de feuilles de salade.

*Faire revenir les oignons verts, l'ail et les patates douces.*

*Ajouter la préparation obtenue aux pâtes.*

# Escalope de veau aux champignons

PRÉPARATION : 10 minutes
CUISSON : 15 minutes
POUR 1 personne

30 g de beurre
1 escalope de veau de 110 g
1 oignon vert, finement haché
90 g de champignons de Paris, émincés
1 cuil. à soupe de xérès sec
2 cuil. à café de farine
80 ml de bouillon de bœuf, bouillant
1 cuil. à soupe de crème fraîche

**1** Dans une poêle antiadhésive, faire fondre le tiers du beurre, ajouter l'escalope de veau et cuire 2 minutes de chaque côté à feu moyen. Retirer de la poêle.

**2** Dans la poêle, faire fondre le beurre restant, ajouter l'oignon vert et cuire 1 minute, jusqu'à ce qu'il soit tendre. Ajouter les champignons et cuire encore 5 minutes. Incorporer le xérès et faire revenir 1 minute. Saupoudrer de farine et faire revenir encore 1 minute sans cesser de remuer.

**3** Augmenter le feu, mouiller avec le bouillon et porter à ébullition. Remettre l'escalope de veau dans la poêle, réduire le feu et laisser mijoter 1 minute à feu doux. Incorporer la crème fraîche, chauffer le tout et servir accompagné de légumes verts cuits à la vapeur, de pommes de terre et de focaccia.

*Cuire l'escalope de veau 2 minutes de chaque côté.*

*Saupoudrer de farine et faire revenir 1 minute.*

*Remettre le veau dans la poêle et ajouter la crème fraîche.*

# Spaghettis au thon, au basilic et aux câpres

PRÉPARATION : 10 minutes
CUISSON : 15 minutes
POUR 1 personne

125 g de spaghettis
2 cuil. à café d'huile d'olive vierge extra
1 gousse d'ail, hachée
95 g de thon en saumure, égoutté et coupé en morceaux
15 g de feuilles de basilic frais, ciselées
2 tomates, concassées
1 cuil. à soupe de câpres, grossièrement hachées
2 cuil. à soupe de parmesan fraîchement râpé

**1** Porter une casserole d'eau salée à ébullition, ajouter les pâtes et cuire jusqu'à ce qu'elles soient *al dente*. Égoutter et remettre dans la casserole.

**2** Dans une casserole, chauffer l'huile, ajouter l'ail et le thon, et cuire 1 minute à feu moyen, jusqu'à ce que l'ail développe son arôme et que le thon soit bien chaud.

**3** Ajouter la préparation obtenue, le basilic, les câpres et le parmesan aux pâtes, saler et poivrer à volonté et servir accompagné de pain frais.

*Concasser les tomates à l'aide d'un couteau tranchant.*

*Faire revenir le thon et l'ail 1 minute.*

*Mélanger les pâtes, le thon, le basilic, les tomates et les câpres.*

# Rissoles au veau et au porc

➧ PLAT À CONGELER

PRÉPARATION : 20 minutes
CUISSON : 15 minutes
POUR 4 repas

800 g de viande de porc et de veau hachée
120 g de chapelure fraîche
1 œuf, légèrement battu
2 cuil. à café de thym frais haché
3 cuil. à soupe de chutney de fruit
1 gousse d'ail, hachée
8 tranches fines de lard, coupées en deux dans la longueur
8 brins de thym frais

**1** Dans une terrine, mettre la viande, la chapelure, l'œuf, le thym, le chutney et l'ail, saler et poivrer à volonté et mélanger avec les mains. Répartir la préparation obtenue en 8 portions et façonner des galettes.

**2** Enrouler 2 moitiés de tranches de lard autour des galettes, maintenir à l'aide de piques à cocktail et planter un brin de thym au centre de chaque galette.

**3** Disposer les rissoles sur une plaque chemisée de papier sulfurisé et mettre au congélateur jusqu'à ce qu'elles soient bien fermes. Envelopper de film alimentaire, stocker dans un sac congélation et conserver au congélateur 3 mois.

**4** Décongeler 2 rissoles en les laissant au réfrigérateur. Chauffer une poêle huilée, ajouter les rissoles et cuire 6 minutes de chaque côté à feu moyen, jusqu'à ce qu'elles soient dorées et bien cuites. Servir accompagné de quartiers de pommes de terre et de légumes cuits à la vapeur.

*Enrouler 2 moitiés de tranches de lard autour des galettes.*

*Cuire dans une poêle huilée jusqu'à ce qu'elles soient dorées.*

# Cocotte méditerranéenne

➤ PLAT À CONGELER

PRÉPARATION : 15 minutes
CUISSON : 1 h 05
POUR 4 repas

1 cuil. à soupe d'huile d'olive
750 g d'agneau, coupé en dés
1 gros oignon, émincé
2 gousses d'ail, hachées
2 carottes, hachées
2 panais, hachés
400 g de tomates concassés en boîte
2 cuil. à soupe de concentré de tomate
2 cuil. à café de romarin frais haché
125 ml de vin rouge
250 ml de bouillon de poulet

**1** Dans une cocotte, chauffer l'huile, ajouter une partie de l'agneau et cuire 3 à 4 minutes, jusqu'à ce qu'il soit doré. Répéter l'opération avec la viande restante, retirer de la cocotte et réserver au chaud. Ajouter l'oignon et l'ail, dans la cocotte et faire revenir 2 à 3 minutes, jusqu'à ce que l'oignon soit tendre.

**2** Remettre l'agneau et son jus dans la cocotte, ajouter les ingrédients restants et porter à ébullition. Réduire le feu, couvrir et laisser mijoter 50 minutes, jusqu'à ce que l'agneau soit tendre et que la sauce ait épaissi. Répartir en 4 portions, stocker dans des sacs congélation et conserver 3 mois au congélateur. Pour servir, décongeler et chauffer à feu doux dans une cocotte.

*Ajouter l'oignon et l'ail, et faire revenir 2 à 3 minutes.*

*Laisser mijoter jusqu'à ce que l'agneau soit tendre.*

# Soupe de poulet aux légumes

➧ PLAT À CONGELER

PRÉPARATION : 20 minutes
CUISSON : 30 minutes
POUR 4 repas

2 cuil. à café d'huile
1 petit oignon, finement haché
1 branche de céleri, finement hachée
1 petite carotte, râpée
1 petite pomme de terre, râpée
1,5 l de bouillon de poulet
2 petits blancs de poulet, coupés en petits morceaux
75 g de haricots verts, coupés en tronçons de 1 cm
1 petite courgette, coupée en dés
35 g de petits pois surgelés
7 g de persil plat frais haché

**1** Dans une casserole, chauffer l'huile, ajouter l'oignon et le céleri, et cuire 2 à 3 minutes sans cesser de remuer, jusqu'à ce qu'ils soient tendres. Ajouter la carotte et la pomme de terre, mouiller avec le bouillon et porter lentement à ébullition sans cesser de remuer.

**2** Réduire le feu, ajouter le poulet et laisser mijoter 20 minutes en remuant de temps en temps. Écumer la surface.

**3** Ajouter les haricots verts, la courgettes et les petits pois, et laisser mijoter encore 5 minutes, jusqu'à ce que les légumes soient tendres mais toujours croquants. Incorporer le persil, saler et poivrer à volonté et laisser refroidir. Répartir en 4 portions, stocker dans des sacs congélation et conserver 3 mois au congélateur. Décongeler en laissant au réfrigérateur ou au four à micro-ondes, et réchauffer à feu doux dans une casserole.

*Écumer la surface à l'aide d'une écumoire.*

*Ajouter les haricots, la courgette et les petits pois.*

*Laisser refroidir et stocker dans des sacs congélation.*

# Chili con carne

➧ PLAT À CONGELER

PRÉPARATION : 10 minutes
CUISSON : 50 minutes
POUR 4 repas

1 cuil. à soupe d'huile d'olive
1 oignon, finement haché
3 gousses d'ail, hachées
1 branche de céleri, hachée
500 g de viande de bœuf hachée
2 cuil. à café de poudre de piment
1 pincée de poivre de Cayenne
1 cuil. à café d'origan séché
440 g de tomates concassées en boîte
2 cuil. à soupe de concentré de tomates
1 cuil. à café de sucre roux
1 cuil. à soupe de cidre ou de vinaigre de vin
420 g de haricots rouges, égouttés et rincés

**1** Dans une casserole, chauffer l'huile, ajouter l'oignon, l'ail et le céleri, et cuire 5 minutes à feu moyen sans cesser de remuer, jusqu'à ce qu'ils soient tendres. Ajouter la viande et cuire à feu vif 5 minutes, jusqu'à ce qu'elle soit bien dorée, en écrasant les morceaux à l'aide d'une cuillère en bois.

**2** Ajouter la poudre de piment, le poivre de Cayenne et l'origan, et cuire encore 2 minutes. Ajouter les tomates et le concentré de tomates, et bien mélanger.

**3** Réduire le feu et laisser mijoter 30 minutes en remuant de temps en temps. Ajouter le sucre roux, le vinaigre et les haricots rouges, saler et poivrer à volonté et chauffer encore 5 minutes. Laisser refroidir, répartir la préparation en 5 portions et stocker dans des sacs congélation. Conserver au congélateur 3 mois. Pour servir, décongeler et réchauffer au four à micro-ondes ou dans une casserole. Servir accompagné de crème aigre, de guacamole et de chips de maïs.

*Cuire la viande jusqu'à ce qu'elle soit bien dorée.*

*Incorporer les tomates et le concentré de tomates.*

*Ajouter les haricots rouges et chauffer le tout.*

# Curry de bœuf

➧ PLAT À CONGELER

PRÉPARATION : 15 minutes
CUISSON : 1 h 35
POUR 4 repas

1 cuil. à soupe de ghee ou d'huile
1 oignon, finement haché
2 cuil. à soupe de pâte de curry de Madras
2 gousses d'ail, hachées
1 kg de steak, coupé en cubes de 2 cm
60 g de concentré de tomates
250 ml de bouillon de bœuf
1 cuil. à café de sucre

**1** Dans une casserole, chauffer le ghee ou l'huile, ajouter l'oignon et cuire 1 à 2 minutes, jusqu'à ce qu'il soit tendre. Ajouter la pâte de curry et l'ail, et faire revenir 1 minute, jusqu'à ce que les arômes se développent.

**2** Ajouter la viande dans la casserole et mélanger jusqu'à ce qu'elle soit bien enrobée de préparation à base d'oignon.

**3** Incorporer le concentré de tomates, mouiller avec le bouillon et porter à ébullition. Réduire le feu, couvrir et laisser mijoter 1 h 30, jusqu'à ce que la viande soit tendre. Incorporer le sucre et laisser refroidir. Répartir la préparation obtenue en 4 portions, stocker dans des sacs congélation et conserver 3 mois au congélateur. Pour servir, décongeler et chauffer au four à micro-ondes ou dans une casserole. Servir accompagné de riz cuit à la vapeur.

*Couper la viande en cubes de 2 cm.*

*Mouiller avec le bouillon et porter le tout à ébullition.*

*Réduire le feu et laisser mijoter jusqu'à ce que la viande soit tendre.*

# Souris d'agneau aux tomates et au thym

➧ PLAT À CONGELER

PRÉPARATION : 15 minutes
CUISSON : 2 heures
POUR 4 repas

2 cuil. à soupe d'huile
4 souris d'agneau (environ 2 kg)
2 oignons, finement hachés
2 gousses d'ail, finement hachées
2 carottes, coupées en dés
2 branches de céleri, coupées en dés
1 cuil. à café ½ de feuilles de thym séché
2 feuilles de laurier
½ cuil. à café de paprika
800 g de tomates concassées en boîte
60 g de concentré de tomates
60 ml de vin rouge
250 ml de bouillon de bœuf

**1** Dans une casserole, chauffer l'huile à feu vif, ajouter 2 souris d'agneau et cuire 5 minutes, jusqu'à ce qu'elles soient dorées. Retirer de la casserole et répéter l'opération avec les souris d'agneau restantes.

**2** Ajouter l'oignon, l'ail, les carottes et le céleri dans la casserole et cuire 4 à 5 minutes à feu moyen. Augmenter le feu et cuire 10 minutes sans cesser de remuer, jusqu'à ce que l'oignon soit caramélisé.

**3** Ajouter le thym, les feuilles de laurier et le paprika, et faire revenir sans cesser de remuer jusqu'à ce que les arômes se développent. Incorporer les tomates et le concentré de tomates, mouiller avec le vin et le bouillon, et porter à ébullition. Réduire le feu et laisser mijoter 1 h 30, jusqu'à ce que la viande se détache de l'os. Laisser refroidir.

**4** Répartir la préparation en 4 portions, stocker dans des sacs congélation et conserver 3 mois au congélateur. Pour servir, décongeler et chauffer au four à micro-ondes ou dans une casserole. Servir accompagné de pommes de terre ou de riz.

*Cuire les souris d'agneau 5 minutes, jusqu'à ce qu'elles soient dorées.*

*Cuire l'oignon, l'ail, les carottes et le céleri.*

*Laisser mijoter 1 h 30, jusqu'à ce que la viande se détache de l'os.*

# Mousse au chocolat

PRÉPARATION : 15 minutes
+ 2 heures de refroidissement
CUISSON : 5 minutes
POUR 1 personne

50 g de chocolat noir, brisé en morceaux
60 ml de crème fraîche
1 œuf, blanc et jaune séparés
1 blanc d'œuf
2 cuil. à café de sucre en poudre
chocolat râpé, en garniture

**1** Dans une jatte résistant à la chaleur, mettre le chocolat et 1 cuillerée à soupe de crème fraîche. Porter une casserole d'eau à ébullition, retirer du feu et disposer la jatte sur la casserole en veillant à ce que la jatte ne touche pas l'eau. Remuer de temps en temps jusqu'à ce que le chocolat soit fondu, battre délicatement de façon à obtenir une consistance homogène et incorporer le jaune d'œuf à l'aide d'une cuillère en bois.

**2** À l'aide d'un batteur électrique, battre les blancs d'œufs en neige ferme, incorporer progressivement le sucre et battre encore 30 secondes. Incorporer les blancs en neige à la préparation précédente. Fouetter la crème restante et ajouter à la préparation. Transférer dans un bol et saupoudrer de chocolat râpé.

**3** Mettre au réfrigérateur 1 à 2 heures avant de servir.

*Battre délicatement le chocolat fondu et la crème.*

*Battre les blancs d'œufs en neige ferme.*

*Fouetter la crème fraîche et incorporer à la préparation.*

# Petit gratin aux fruits rouges

PRÉPARATION : 5 minutes
CUISSON : 5 minutes
POUR 1 personne

150 g de fruits rouges frais (framboises, myrtilles, fraises, par exemple)
2 jaunes d'œufs
1 cuil. à soupe de sucre en poudre
3 cuil. à café de Grand Marnier

**1** Enduire un ramequin d'une contenance de 315 ml de beurre fondu et répartir les fruits rouges dans le ramequin.

**2** Dans une jatte résistant à la chaleur, mettre les jaunes d'œufs, le sucre et le Grand Marnier, et disposer sur une casserole d'eau frémissante en veillant à ce que la jatte ne touche pas l'eau. Battre 4 minutes à l'aide d'un batteur électrique, jusqu'à ce que la préparation épaississe.

**3** Répartir la préparation obtenue sur les fruits rouges et passer au gril quelques secondes, jusqu'à ce que le gratin soit doré, et servir immédiatement.

*Battre les jaunes d'œufs, le sucre et le Grand Marnier.*

*Répartir la préparation obtenue sur les fruits rouges.*

# Gâteau de riz

PRÉPARATION : 5 minutes
+ 10 minutes de trempage
CUISSON : 1 h 20
POUR 1 personne

2 cuil. à soupe de riz
315 ml de lait
3 cuil. à café de sucre en poudre
2 cuil. à café de raisins secs
1 pincée de noix muscade râpée

**1** Préchauffer le four à 160 °C (th. 5-6) et graisser un ramequin d'une contenance de 500 ml.

**2** Dans une jatte, mettre le riz, le lait et le sucre, laisser reposer 10 minutes et incorporer la raisins secs et la noix muscade. Répartir la préparation obtenue dans le ramequin et cuire au four préchauffé 1 h 20, jusqu'à ce que le gâteau de riz soit bien cuit.

**3** Laisser reposer 5 minutes, retirer éventuellement la peau formée sur le gâteau de riz et servir accompagné de crème fraîche.

*Mélanger le lait, le sucre et le riz, et laisser reposer.*

*Ajouter les raisins secs et la noix muscade.*

*Cuire le gâteau de riz au four 1 h 20.*

# Poire grillée à la cardamome

PRÉPARATION : 10 minutes
CUISSON : 5 minutes
POUR 1 personne

**Yaourt au miel**
60 g de yaourt à la grecque
½ cuil. à café de miel
¼ de cuil. à café de zeste d'orange râpé

1 petite poire, coupée en deux et évidée
20 g de beurre, fondu
30 g de pâte d'amandes, finement haché
1 cuil. à soupe de sucre roux
½ cuil. à café de cannelle en poudre

**1** Pour le yaourt au miel, mettre le yaourt, le miel et le zeste d'orange dans une jatte et bien battre le tout.

**2** Mettre les demi-poires dans un petit plat allant au four et enduire avec la moitié du beurre fondu. Passer au gril 2 minutes, côté coupé vers le bas, et retourner.

**3** Parsemer les poires de pâte d'amandes. Mettre le sucre et la cardamome dans une petite jatte, mélanger et saupoudrer les poires du mélange obtenu. Napper de beurre fondu et passer de nouveau au gril 1 minute, jusqu'à ce que la garniture grésille et soit dorée. Servir les poires chaudes avec une cuillerée de yaourt au miel.

*Mélanger le yaourt, le miel et le zeste dans une jatte.*

*Passer les demi-poires au gril et les retourner.*

*Parsemer de pâte d'amandes et saupoudrer de sucre.*

# Pudding au pain perdu

PRÉPARATION : 15 minutes
CUISSON : 45 minutes
POUR 1 personne

2 tranches de pain de la veille, sans la croûte
10 g de beurre, en pommade
1 cuil. à soupe de raisins secs
1 cuil. à café de sucre
1 pincée de poudre de quatre-épices
1 œuf, légèrement battu
¼ de cuil. à café d'extrait de vanille
125 ml de lait
1 cuil. à café de sucre roux

**1** Préchauffer le four à 160 °C (th. 5-6). Graisser un ramequin allant au four d'une contenance de 315 ml.

**2** Couper un rond de la taille de la base du ramequin dans chaque tranche de pain, beurrer un côté d'un rond et mettre dans le ramequin, côté beurré vers le haut. Ajouter les raisins, le sucre et la poudre de quatre-épices. Dans une jatte, mettre l'œuf, l'extrait de vanille et lait, et battre le tout. Disposer le second rond de pain dans le ramequin et verser la préparation à base d'œuf dessus.

**3** Disposer le ramequin dans un plat allant au four, verser de l'eau dans le plat de sorte que le ramequin soit immergé à demi et cuire au four préchauffé 40 minutes, jusqu'à ce que le pudding soit doré et cuit. Saupoudrer de sucre roux et passer au gril 2 à 3 minutes, jusqu'à ce que le sucre ait fondu.

*Couper 2 ronds de la taille de la base du ramequin.*

*Verser le lait, l'œuf et la vanille dans le ramequin.*

*Cuire au four préchauffé 40 minutes.*

Murdoch Books® Australia - GPO Box 1203 - Sydney NSW 2001
Tél. + 61 (0) 2 8220 2000 - Fax : + 61 (0) 2 8220 2020

Murdoch Books UK Limited - Ferry House - 51-57 Lacy Road - Putney, Londres SW15 1PR
Tél. + 44 (0) 20 8355 1480 - Fax : + 44 (0) 20 8355 1499



Titre original : *Cooking Solo*



**FIOREDITIONS**

Via Cassia, 1136
00189 Rome – Italie
Tél. : + 39 (0)6 30 36 28 98
Fax : + 39 (0)6 30 36 14 13

Réalisation : InTexte Édition, Toulouse

ISBN : 978-88-7525-024-9

Imprimé en Chine